ZIEL

Regina Bestle-Körfer | Annemarie Stollenwerk

Erntefest und Kartoffelfeuer

Geschichten, Rezepte und Spielideen für den Herbst

Mit Bildern von Hans-Günther Döring

SAUERLÄNDER

2 INHALT

Inhalt

Mein Erntebuch 4

Wenn die Mähmaschine rattert

Rückenmassagespiel: Ernte 5
Die Arbeit der Bauern 6
Urlaub auf dem Bauernhof 6
Sehet, so mäht der Bauer 7
Ein Traktor mit Pflug aus Karton 8
Wenn die Mähmaschine rattert 9
Goldi, der Feldhamster 10
Tiere auf dem Feld 12

Vom Korn zum Brot

Gedicht zur Ernte 14
Der Erntemonat 14
Wer kennt dieses Getreide? 14
Haferflocken selbst gemacht 15
Korn 16
Vollkornbrötchen backen 16
Ein Müller will nun schlafen gehen 17
Müller – ein alter Beruf 18
Windmühle basteln 18
Meine Mühle, die braucht Wind 19
Mühlradhüpfen 19
Würfelspiel: Vom Korn zum Brot 20
Im Maislabyrinth 22

INHALT 3

Ernteschätze

24 Ernte-Alphabet
26 Kartoffelfeuer im Mühlental
29 Aus der Gemüsekiste
30 Gemüse-Tanztheater
32 Bäriges – Beeriges
32 Mmm ... lecker
32 Brombeersahne
33 Zungenbrecher
33 Rätsel
34 Ich hol mir eine Leiter
35 Eine kleine Apfelgeschichte
36 Apfelforscher
37 Ein Reimgedicht
37 Rätsel

Erntedank feiern

38 Tanz unterm Erntekranz
40 Kräuter und Heilpflanzen
42 Lukas und Lotte erleben den Almabtrieb
46 Mäuse-Erntedank

47 Register

Mein Erntebuch

Im August zeigt die Sonne noch einmal so richtig, was sie kann. Es gibt heiße, sonnenreiche Tage, und allerlei Früchte und Gemüse können im Garten und auf dem Feld geerntet werden. Mähdrescher und Erntemaschinen fahren über die Felder. Es gibt viel zu tun, denn es ist wieder Erntezeit. Die Erntezeit dauert bis zum Oktober. Danach bereitet sich die Erde langsam auf eine lange Ruhezeit vor, denn schon bald steht der Winter vor der Tür. Das Laub an den Bäumen verfärbt sich gelb, rot, goldfarben, bis irgendwann der Herbstwind die Blätter von den Bäumen fegt. Weintrauben werden als letztes einheimisches Obst geerntet und zu Wein verarbeitet. Daher gilt der Oktober als Weinlesemonat. Auch die Tiere ernten, sammeln und »hamstern«, was sie finden können. Sie legen Vorräte für den Winter an. Am ersten Sonntag im Oktober wird das Erntedankfest gefeiert. Es ist ein Fest des Dankes für die reichen Gaben, die uns die Erde schenkt. In diesem Erntebuch findet ihr allerlei Buntes und Wissenswertes über die Erntezeit, über einheimische Früchte, Getreide und Gemüse, über die Arbeit der Bauern auf dem Feld, über die Tiere, die auf dem Feld leben, und über das Erntebrauchtum. Eine farbenfrohe Erntezeit!

Der Korb ist übervoll.
Dem Regen,
dem Wind,
der Sonne,
der Erde
sei Dank!

Wenn die Mähmaschine rattert

Rückenmassagespiel: Ernte

1. Es ist Frühling geworden. Der Bauer bereitet die Erde auf die Saat vor – dazu lockert er zuerst die Erde mit dem Pflug: *Mit allen Fingern den Rücken von oben nach unten kneten.* (Achtung: Niemals die Wirbelsäule in der Mitte massieren!)
2. Die dicken Erdklumpen müssen fein und krümelig werden: *Mit beiden Händen in kreisenden Bewegungen über den Rücken reiben.*
3. Die Sämaschine zieht Furchen in die Erde: *Mit beiden Zeigefingern Linien auf den Rücken malen.*
4. Die Samenkörner fallen aus der Sämaschine auf die Erde: *Mit den Fingerspitzen über den Rücken »trippeln«.*
5. Die Körner werden mit Erde zugedeckt: *Die Handflächen über den Rücken reiben.*
6. Die Sonne hilft den Körnern beim Wachsen: *Eine Sonne mit Strahlen auf den Rücken malen.*
7. Der Wind weht durch das Weizenfeld: *In sanften Schlangenlinien mit den Fingerkuppen über den Rücken fahren.*
8. Das Korn ist reif. Die Erntemaschine trennt die Ähren von den Halmen: *Die Längsseiten der Hände über den Rücken schieben.*
9. Die Halme werden zu Strohballen gerollt: *Mit dem Unterarm Rollbewegungen über den Rücken machen.*
10. Das Feld liegt ruhig und leer in der Herbstsonne: *Die Handflächen auf den Rücken legen und spüren, wie die Wärme der Hände den Rücken erwärmt.*

Die Arbeit der Bauern

WUSSTET IHR SCHON …
Wenn das Korn reif ist, muss es trocken geerntet werden, sonst verdirbt es. Auch Stroh und Heu müssen trocken in die Scheune. Manchmal ist es gar nicht so einfach, den richtigen Tag zur Ernte zu bestimmen. Früher gab es noch keinen Wetterbericht, da haben die Bauern die Natur beobachtet – so sind die Bauernregeln entstanden:

Früher war die Arbeit der Bauern sehr schwer. Es gab noch keine Maschinen zum Säen, Ernten und Mähen. Das Feld wurde mit einfachen Geräten wie Egge, Sense, Sichel, Rechen und Dreschflegel bearbeitet. Pferde und Ochsen wurden auf dem Feld gebraucht, um schwere Lasten zu tragen und um schweres Gerät zu ziehen. Auch die Kinder mussten bei der Feldarbeit helfen. Bis heute hat sich viel verändert. Die Bauern besitzen riesige Maschinen, die ihnen einige Arbeit abnehmen. Auch die Felder sind immer größer geworden. Ohne Maschinen würde das jetzt niemand mehr schaffen.

Urlaub auf dem Bauernhof

- Bläst im August der Wind aus Nord, dauert das gute Wetter fort.

- Reißt die Spinne ihr Netz entzwei, kommt der Regen bald herbei.

- Augustsonne, die schon in der Frühe brennt, nimmt nachmittags kein gutes End.

Ein Urlaub auf dem Bauernhof ist bei Familien mit Kindern sehr beliebt. Dort könnt ihr Interessantes über die Feld- und Stallarbeit, die Früchte des Feldes, über Maschinen und über Tiere erfahren. Mithelfen macht viel Spaß.
Zur Erntezeit werden in einigen Bauernhöfen Hof- und Erntefeste gefeiert. Auf einem Biobauernhof könnt ihr sehen, wie man mit der Natur sehr behutsam umgehen kann. Lebensmittel werden dort besonders schonend hergestellt. Die Tiere haben es auf einem Biobauernhof richtig gut. Sie sind viel an der frischen Luft und haben genügend Platz zum Bewegen.

WENN DIE MÄHMASCHINE RATTERT 7

Spiellied: Sehet, so mäht der Bauer!

Text und Melodie: trad.

1. Wollt ihr wissen, wie der Bauer, wollt ihr wissen, wie der Bauer seinen Hafer aussät?
Refrain: Sehet, so, so sät der Bauer, sehet, so, so sät der Bauer seinen Hafer ins Feld.

2. Wollt ihr wissen, wie der Bauer seinen Hafer abmäht?
Refrain: Sehet, so, so macht der Bauer, wenn den Hafer er mäht.

3. Wollt ihr wissen, wie der Bauer seinen Hafer verkauft?
Refrain: Sehet, so, so macht der Bauer, wenn er Hafer verkauft.

4. Wollt ihr wissen, wie der Bauer vom Markte heimgeht?
Refrain: Sehet, so, so macht der Bauer, wenn vom Markt er heimgeht.

5. Wollt ihr wissen, wie der Bauer von der Arbeit ausruht?
Refrain: Sehet, so, so macht der Bauer, wenn er von der Arbeit ruht.

6. Wollt ihr wissen, wie der Bauer im Tanze sich dreht?
Refrain: Sehet, so, so macht der Bauer, wenn im Tanz er sich dreht.

Spielanleitung:
Die einzelnen Strophen werden pantomimisch dargestellt, z. B. das Säen, Mähen, Verkaufen …

Ein Traktor mit Pflug aus Karton

IHR BRAUCHT:
1 kleine Schachtel, 1 Streichholzschachtel (Innenteil), Wellpappe, 1 Korken, 1 Filmdöschen, zwei Holzstäbchen, Tonpapier, Schere, Bastelkleber, Farbe, Watte

So gehts: Die Schachtel und das Innenteil der Streichholzschachtel könnt ihr vor dem Zusammenkleben in euren Lieblingsfarben anmalen. Nun schneidet die Wellpappe in vier lange Streifen, rollt daraus zwei große und zwei kleinere Räder und klebt die Räder an ihren Enden zusammen. Die Holzstäbchen müsst ihr durch den Karton stecken und die Räder daran befestigen, sodass sie sich noch drehen können. Vom Korken schneidet ihr vier Scheibchen ab und steckt sie auf die Enden der Holzstäbchen, um den Rädern Halt zu geben. Das Filmdöschen wird als Auspuff auf den Traktor geklebt und mit Watte befüllt. Aus dem Tonpapier klebt ihr noch gelbe Lichter vorne an den Traktor. Jetzt wird noch der Bauer auf Tonpapier aufgemalt, ausgeschnitten und in die Streichholzschachtel geklebt. Ebenso den Pflug aufmalen, ausschneiden und am Traktor ankleben.

Wenn die Mähmaschine rattert

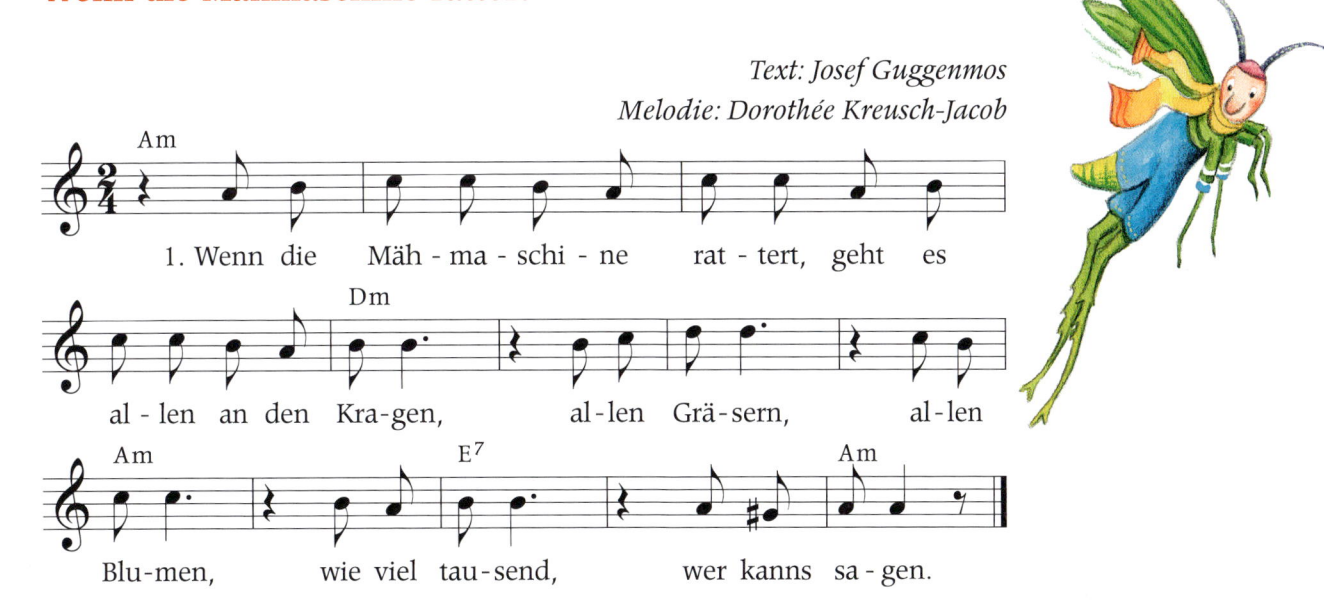

Text: Josef Guggenmos
Melodie: Dorothée Kreusch-Jacob

1. Wenn die Mähmaschine rattert, geht es allen an den Kragen, allen Gräsern, allen Blumen, wie viel tausend, wer kanns sagen.

2. Hopp, ein Heupferd!
   Hopp, ein andres rettet sich in kühnem Satze,
   denn die Wiese wird geschoren;
   heute kriegt sie eine Glatze.

3. Ist das Heu davongefahren,
   wird der Bauer nicht mehr brummeln,
   wenn sich auf der kahlen Fläche
   Kinder nach Vergnügen tummeln.

WUSSTET IHR SCHON …
Ein Mähdrescher schafft viel Arbeit auf einmal: die Halme abschneiden, die Körner aus den Ähren dreschen und das Stroh wieder auswerfen. Moderne Maschinen bündeln sogar das Stroh zu Ballen.

Goldi, der Feldhamster

Es sah schlecht aus für Goldi, den kleinen Feldhamster, sehr schlecht sogar. Denn Goldi war anders. Anders als seine fünf Geschwister. Sie waren alle vor 15 Tagen nackt und blind, ohne ein Hamsterhaar auf die Welt gekommen. Und nun hatten alle fünf Geschwister ein ordentliches Hamsterfell bekommen, so wie es sein muss, um ein echter Feldhamster zu sein. Eins mit der typischen Wildfärbung: ein braun-gelbes Rückenfell auf schwarzem Grund, Augen, Hals und Schnäuzchen rotbraun, jeweils zwei weiße Flecken an den Wangen und hinter den Ohren, vier weiße Vorderpfoten. Und das Wichtigste: ein schwarzer Bauch.

»Den könnt ihr gut gebrauchen, meine kleinen Hamsterkinder«, klärte die Hamstermutter ihre Kleinen über das Hamsterleben auf. Das würden sie schon sehr bald alleine führen müssen. Denn Hamster leben ab dem 25. Tag nach der Geburt als Einzelgänger alleine weiter, ohne ihre Hamstermutter und ohne ihre Geschwister. Aber so weit war es noch nicht. Noch lebten sie alle zusammen.

Goldi, der Jüngste, machte seiner Mama große Sorgen, weil er ein durch und durch goldbraunes Fell hatte. Es schimmerte in der Abendsonne goldorange, wie ein klitzekleiner Kürbis. »Was soll nur aus dir werden?«, jammerte die Hamstermutter besorgt.

»Du bist eine Niete«, quiekten Goldis Geschwister und ließen ihn links liegen. So trottete Goldi mit herabhängenden Öhrchen hinter seinen Geschwistern her. Neugierig waren sie alle aus ihren Schlupfröhren – das sind schräg gebaute Röhren, die in den Bau unter der Erde führen – gekrabbelt. Viele Köstlichkeiten gab es zu entdecken. Da, ein Kürbis! Gierig fielen die Hamsterkinder über den Riesenkürbis her. Sie quiekten und zirpten, sie drängelten und schubsten. Da blieb für Goldi kein freies Plätzchen mehr übrig. Er fand einen aufgeplatzten kleinen Kürbis in der Nähe, knabberte mit seinen scharfen Nagezähnchen genüsslich das saftige Fruchtfleisch und ließ es sich gut schmecken.

Eine Katze hatte sich unbemerkt auf leisen Pfoten ins Kürbisfeld geschlichen. Hannibal, der Älteste, witterte die Gefahr zuerst. Doch es war zu spät zum Weglaufen! Und keine Fallröhre in der Nähe! (Durch die können sich die Hamsterkinder direkt in ihren Bau fallen lassen, wenn Gefahr droht.) Noch saß die Katze unbeweglich in Lauerstellung. Gleich würde sie blitzschnell einen Satz nach vorne machen! Eins würde sie bestimmt erwischen! Was tun? Hannibal stieß einen zischenden Warnschrei aus, fletschte die Zähne und ließ sich augenblicklich auf den Rücken fallen. Alle Hamsterkinder machten es ihm nach. Und Goldi? Was machte Goldi in dieser gefährlichen Situation? Goldi war im goldgelben Kürbis eingeschlafen. Und weil Goldi eine goldene Fellfarbe hatte, war er so gut getarnt, dass die Katze ihn einfach übersah. Und die Katze? Was machte sie jetzt? Die Katze war verblüfft: Da waren doch eben noch fünf kleine, unerfahrene Hamsterkinder gewesen. Und nun blickte die Katze in fünf zähnefletschende Raubtiermäuler? Sie rieb sich die Augen mit der Pfote, weil sie nicht verstehen konnte, welche Verwandlung da geschehen war. Verstört schlich die Katze davon. Glück gehabt!

Als Goldi aus seinem kleinen Schläfchen erwachte, sah er seine fünf Geschwister wie tot auf dem Rücken liegen. Goldi quiekte laut vor Entsetzen. Da kam die Hamstermutter eilig angetrippelt und zählte: »Eins, zwei, drei, vier, fünf, sechs.« Ein Glück, alle sechs Hamsterkinder waren am Leben! Hannibal berichtete, dass die Katze sie am Kürbis überrascht hatte. Und Goldi erzählte von seinem kleinen Schläfchen im goldgelben Kürbis.

»Alle meine Hamsterkinder haben einen Überlebenstrick!«, rief die Hamstermama froh. »Goldi war im goldgelben Kürbis gut getarnt mit seinem goldigen Fell. Und ihr, meine anderen Hamsterkinder, ihr habt die Katze mit eurem schwarzen Bauch tüchtig erschreckt, weil sie geglaubt hat, sie schaut in fünf wilde Raubtiermäuler.«

Die Hamsterkinder schämten sich, weil sie Goldi nicht ernst genommen hatten, und wollten Goldi nicht mehr hänseln, nur weil er anders aussah. Goldi versprach seiner Hamstermama, immer sehr vorsichtig zu sein, damit ihn niemals die Katze oder ein böser Fuchs erwischt. Hannibal hatte eine gute Idee für Goldi: »Wenn du immer goldgelbes und oranges Futter frisst, kann dich kein Feind erkennen.«

Goldi war glücklich. Sein außergewöhnliches Fell glänzte in der Abendsonne und die Hamstermama und seine fünf Geschwister waren sehr stolz auf ihn.

Regina Bestle-Körfer

WUSSTET IHR SCHON …
Der Feldhamster braucht dringend Hilfe, denn er ist vom Aussterben bedroht. Wenn ihr etwas für den Schutz der Feldhamster in der Natur tun wollt, findet ihr unter www.feldhamster.de viele Ideen und Anregungen.

Tiere auf dem Feld

Die Erntezeit ist auch für die Tiere auf den Feldern eine gute Zeit. Es gibt genügend Samen, Körner, Halme und Früchte. Für jeden ist etwas dabei. Höchste Zeit, einen Wintervorrat anzulegen oder sich richtig satt zu fressen. Nur so können die Tiere den Winter überleben, weil schon bald auf den Feldern nicht mehr viel wächst. Auch die Jungtiere, die im Sommer geboren wurden, müssen sich auf ihren ersten Winter vorbereiten.

Reh
Rehe leben am Waldrand. Auf den benachbarten Feldern finden sie viel Nahrung. Sie mögen Gräser, Knospen, Kräuter, Nadeln und Baumrinde.

Fuchs
Der Fuchs jagt Mäuse und Kaninchen auf dem Feld. Im Sommer frisst er auch gerne Beeren und Früchte.

Feldmaus
Die Feldmaus baut viele unterirdische Gänge im Feld. Dort lagert sie fleißig Futter für den Winter: Gras, Getreide, Kräuter, Samen, Feldfrüchte, kleine Insekten.

Rebhuhn
Das Rebhuhn ist ein kleines Feldhuhn. Es versteckt sich im freien Feld in einer flachen Nestmulde. Dort ist es vor Feinden gut geschützt. Wie jedes Huhn pickt auch das Rebhuhn Körner.

Mäusebussard
Der Mäusebussard jagt, wie sein Name verrät, am liebsten Mäuse. Von einem hohen Baum erspäht er mit seinen guten Augen die kleinste Bewegung. Hier hat er einen guten Überblick.

Feldhamster
Der Feldhamster mag alles, was es auf dem Feld gibt: Halme, Knollen, Getreide, Klee, Kräuter, Zuckerrüben, Möhren, Kartoffeln und ab und zu auch Regenwürmer und Insekten.

Feldhase
Der Feldhase mag Gräser, Kräuter und Kleintiere vom Feld. Im Herbst lässt er sich allerlei Früchte und Mais gut schmecken.

Fasan
Der männliche Fasan ist der auffälligste Vogel des Feldes. Mit seinem bunten Gefieder und seinem langem Schwanz ist er im Feld gut zu sehen.

Vom Korn zum Brot

Gedicht zur Ernte

Erde, die uns dies gebracht,
Sonne, die es reif gemacht.
Liebe Sonne, liebe Erde,
euer nie vergessen werde.

Christian Morgenstern

Der Erntemonat

Der August heißt auch Erntemonat, weil viele Früchte, Gemüse und Getreide reif sind. Und weil im August die Kornernte beginnt, wurde er früher auch *Ährenmonat* genannt.

Wer kennt dieses Getreide?

Weizen

Weizen wird auf der ganzen Welt angebaut. Er hat lange oder kurze *Ähren*, in denen die Weizenkörner stecken. Weizenähren haben kurze *Grannen* – so heißen die Borsten an den Ähren, manche Sorten haben auch keine Borsten. Weizenkörner enthalten unter ihrer Schale viel Stärke. Wird das Korn ohne Randschicht gemahlen, wird sein Mehl weiß, mit der Randschicht gemahlen wird daraus dunkleres Vollkornmehl.

WUSSTET IHR SCHON …
Unser Getreide stammt von Wildgräsern ab. Schaut euch die Unkrautgräser am Wegesrand einmal genauer an. Manche sehen dem Getreide auf dem Feld sehr ähnlich. Einige Gräser haben kleine Ähren, andere haben Rispen. Sie heißen Zittergras, Rispengras, Knäuelgras und Quecke.

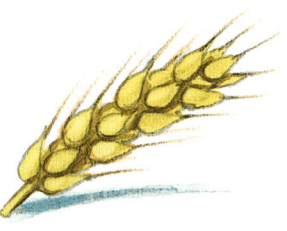

VOM KORN ZUM BROT

Roggen
Die Roggenähren sind lang und schmal, mit Grannen. Aus Roggenkörnern wird dunkles Roggenbrot gebacken und Viehfutter bereitet.

Gerste
Die Gerste ist eine Getreidepflanze mit kurzem Halm. Sie hat Ähren mit langen Grannen. Sie ist das älteste angebaute Getreide und wird heute vorwiegend zum Bierbrauen und zur Fütterung von Tieren angebaut.

Hafer
Hafer sieht etwas anders aus. Viele Haferkörner hängen an einer *Rispe*. Aus Haferkörnern werden leckere Haferflocken gemacht. Probiert es selbst aus!

Haferflocken selbst gemacht

So gehts: Besorgt euch Haferkörner im Bioladen oder Reformhaus. Ihr könnt die Körner zuerst einmal in den Mund nehmen, kauen und schmecken. Dann legt ein paar Körner auf ein Holzbrettchen und zerdrückt sie mit dem Nudelholz oder zerklopft sie mit einem kleinen Holzhammer. Schon habt ihr selbst Haferflocken hergestellt.

Korn

Text: Johannes Trojan
Melodie: Richard Rudolph Klein

1. Der Bauer baut mit Müh und Not das Korn für unser täglich Brot. Zum Müller wird das Korn gebracht und feines Mehl daraus gemacht.

2. Der Bäcker nimmt das Mehl ins Haus und backt im Ofen Brot daraus. Die Mutter streicht noch Butter drauf. Und wir? Wir essen alles auf!

Vollkornbrötchen backen

Das dunklere Vollkornmehl enthält viele Vitamine und Mineralstoffe.

IHR BRAUCHT:
(für ca. 20 Brötchen)
500 g Weizenvollkornmehl,
1 Päckchen Trockenhefe,
1 Teelöffel Meersalz,
1 kleine Prise Zucker,
300 g lauwarmes Wasser,
3 Esslöffel Olivenöl

So gehts: Das Vollkornmehl mit der Hefe, dem Salz und der Prise Zucker in einer Rührschüssel vermischen. Nun das Öl und das Wasser dazugeben und mit den Knethaken eines Handmixers vermengen. Der Hefeteig muss gut durchgeknetet werden. Sollte der Teig zu sehr kleben, könnt ihr auch etwas weißes Mehl dazugeben, dann lässt er sich besser kneten. Das geht auch gut mit den Händen. Der Teig wird mit einem Geschirrhandtuch zugedeckt und muss erst einige Zeit an einem warmen Platz zum Aufgehen stehen. Wenn sich der Teig vermehrt hat, knetet ihr ihn nochmals mit den Händen gut durch und formt kleine Brötchen daraus. Die Brötchen werden bei 170 Grad 20–25 Minuten gebacken.

Ein Müller will nun schlafen gehen

Ein Müller will nun schlafen gehen,
hart ist der Tag gewesen.
Plumpst in sein Bett aus Stroh,
»da pikst doch was an meinem Po!«,
springt aus dem Bett, da wars nicht nett,
und tritt auf einen Besen.

Der Müller will nun schlafen gehen,
mit einer Beul' am Kopfe.
Da kommt ein Sturmwind angesaust,
mit Geheul und Sausebraus.
»Oh nein, nicht durch mein Mühlenhaus«,
springt aus dem Bett, da wars nicht nett,
da fällt vom Schrank ein Topfe.

Der Müller will nun schlafen gehen,
mit zwei Beulen, ach, oh weh!
»Wird dieser Tag bald Ruhe geben?«
Ein Müller hat ein hartes Leben,
kühlt seinen Kopf im Suppentopf,
da beißt ihn was am dicken Zeh, oje!

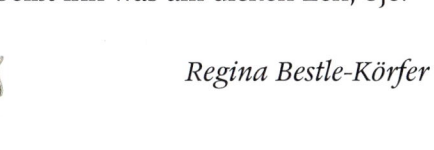

Regina Bestle-Körfer

Müller – ein alter Beruf

WUSSTET IHR SCHON …
Windmühlen findet ihr heute noch in einem Freilichtmuseum. Dort könnt ihr die Handwerksarbeit der Bauern und Müller in früheren Zeiten anschauen. Eine Windmühle zu betreten, das Mahlwerk mit den großen Zahnrädern anzusehen und anzufassen macht viel Spaß.

Müller ist ein alter Handwerksberuf. Früher lebte der Müller in einer Windmühle oder manchmal auch an einem Fluss einer Wassermühle. Der Müller hatte viel zu tun. Er schleppte das Korn in Säcken in seine Mühle hinein. Im Mahlwerk der Mühle wurde das Korn dann zu Mehl gemahlen. Strom hatte der Müller damals noch nicht. Das Mahlwerk wurde entweder von einem Wind- oder von einem Wasserrad angetrieben. Heute ist der Müller kein Handwerker mehr. In Lastwagen wird das Korn zur Mühle gefahren. Mühlen sind heute Fabriken mit großen Lagersilos. Dort wird das Korn gelagert, gereinigt und schließlich gemahlen. Meist geschieht das vollautomatisch mit riesigen Maschinen, die der Müller bedient.

Windmühle basteln

IHR BRAUCHT:
eine Plastikflasche, Sand zum Füllen, Farbe und Pinsel zum Bemalen der Flasche, Korken, Draht, Perlen, vier Federn, Bastelkleber

So gehts: Die Flasche bunt bemalen, mit Tür, Fenstern und Fensterläden. Nach dem Trocknen die Flasche mit Sand füllen. Im Flaschenhals wird ein Korken mit Kleber befestigt. In den Korken einen gebogenen Draht stecken und am freien Ende eine Perle auffädeln. Mit einem scharfen Messer (Tipp: Lasst euch von einen Erwachsenen helfen!) eine Scheibe vom Korken abschneiden und zu der Perle auf den Draht fädeln. Zum Schluss wird noch eine Perle aufgefädelt und der überstehende Draht so umgebogen, dass sich der Korken noch gut drehen kann. In die Korkenscheibe mit einer dicken Nadel vier Löcher bohren und die Federn als Windmühlenflügel hineinstecken.

VOM KORN ZUM BROT 19

Meine Mühle, die braucht Wind

*Text und Melodie:
mündlich überliefert*

1. Mei-ne Müh-le, die braucht Wind, Wind, Wind, sonst geht sie nicht ge-schwind, wind, wind. Drum braucht mei-ne Müh-le Wind, Wind, Wind, sonst geht sie nicht ge-schwind.

2. Das Korn wird Mehl, das Mehl wird Brot, und Brot tut allen Menschen wohl. Drum braucht die Mühle Wind, Wind, Wind, sonst geht sie nicht geschwind

Mühlradhüpfen

So gehts: Ihr malt mit Straßenmalkreide ein Mühlrad auf den Weg. Einer von euch stellt sich mit dem Seil in die Mitte des Mühlrads und beginnt, das Seil langsam über den Boden zu drehen. Nun könnt ihr in das drehende Seil hineinspringen. Immer wenn das Seil kommt, springt ihr hoch. Jeder Sprung über das Mühlrad wird laut gezählt. Wenn beim Springen das Seil berührt wird, hält das Mühlrad an. Dann wird getauscht. Mühlradhüpfen ist ganz schön anstrengend!

IHR BRAUCHT:
einen Weg, Straßenmalkreide, ein Seil

Würfelspiel: Vom Korn zum Brot

IHR BRAUCHT:
den Spielplan vorne im Buch, 2 oder mehr Mitspieler, für jeden Mitspieler eine Spielfigur, 1 Würfel

So gehts: Es wird reihum gewürfelt. Jeder Spieler geht so viele Felder weiter, wie er gewürfelt hat. Unterwegs auf dem Weg gibt es *rote Aufgabenfelder* und *schwarze Felder*.
Auf den *roten Aufgabenfeldern* müsst ihr auf jeden Fall immer anhalten und erst eine Aufgabe erledigen, bevor ihr weitergehen dürft.
Auf die *schwarzen Felder* kommt ihr nur zufällig, je nachdem, wie ihr würfelt.
Auf einem *roten Aufgabenfeld* darf immer nur einer stehen. Wer auf ein besetztes *rotes Aufgabenfeld* kommt, muss erst warten, bis es wieder frei ist, und auf seinem vorigen Feld stehen bleiben. Nach einer Sechs wird nicht nochmals gewürfelt. Wer am schnellsten ist, auf den wartet am Ende ein Frühstückstisch mit leckeren Brötchen, Brot, Croissants usw. Guten Appetit!

Aufgabenfelder:

1. Rot – Nenne zwei Getreidesorten. Gehe zwei Felder weiter.
2. Schwarz – Du musst als Vogelscheuche auf einem Bein stehen und bis 15 zählen, ohne umzufallen. Hast du es geschafft, gehst du drei Felder weiter, wenn nicht, bleibst du stehen.
3. Rot – Nenne ein Tier, das auf dem Feld lebt. Gehe zwei Felder weiter.
4. Schwarz – Das Korn wächst gut. Der Bauer tanzt vor Freude. Einmal um den Tisch herum tanzen oder hüpfen.
5. Rot – Am Feldrand wachsen Blumen und Kräuter. Kennst du ihre Namen? Nenne eine Blume am Wegrand und gehe zwei Felder weiter.

6. **Schwarz** – Es ist ein heißer Augusttag. Die Mähmaschine rattert übers Feld. Sie trennt die Spreu (gemeint ist alles, was von der Getreidepflanze übrig bleibt, außer den Körnern) vom Weizen. Der Bauer kommt ordentlich ins Schwitzen: 15 Kniebeugen machen.
7. **Rot** – Der Bauer bringt das Korn mit dem Traktor zur Mühle. Die Straße ist frei. Drei Felder vorrücken.
8. **Schwarz** – In der Mühle wird das Korn in großen Silos gelagert. Leider ist das Förderband kaputt. Du musst schaufeln helfen. Eine Runde aussetzen.
9. **Rot** – Moderne Maschinen reinigen das Getreide gründlich und schnell. Zwei Felder vorrücken.
10. **Schwarz** – Das Getreide wird in Walzstühlen gemahlen und dann gesiebt. Der Müller erhält nun Schrot (gemahlene Getreidekörner) und feines Mehl. Finde Reimwörter zum Wort SCHROT!
11. **Rot** – Mehl und Schrot sind beim Bäcker angekommen. Was braucht der Bäcker zum Brotbacken? Nenne drei Zutaten. Gehe zwei Felder weiter.
12. **Schwarz** – Der Bäcker fertigt den Teig aus Mehl, Wasser, Salz, Hefe oder Sauerteig, Körnern, Kräutern, Gewürzen und Zucker in der Knetmaschine. Die Maschine ist kaputt. Er muss mit den Händen kneten. Einem Mitspieler den Rücken »kneten«, d.h. massieren.
13. **Rot** – Der Bäcker trägt die fertig gebackenen Brote in die Bäckerei. Dort werden sie frisch verkauft. Du nennst drei Backwaren und rückst zwei Felder weiter.

Ziel: So lange würfeln, bis alle am Frühstückstisch landen. Dann ist das Spiel zu Ende..

Im Maislabyrinth

»Sind wir bald da?«, fragt Philipp. Er zappelt ungeduldig in seinem Kindersitz hin und her.
»Da ist es! Nächste Ausfahrt Mais-la-by-rinth Han-sen- hof!«, ruft Anna.
Schon die ganze Woche freuen sich die beiden auf den Ausflug mit Papa. Zu Hause haben sie in einem Buch Bilder von Labyrinthen und Irrgärten angeschaut. Und dann hat Papa ihnen im Internet noch ein Luftbild vom Maislabyrinth auf dem Hansenhof gezeigt. Philipp wollte wissen, wie Bauer Hansen das Labyrinth mit den vielen Wegen gebaut hat.
»Im Frühjahr hat der Bauer Maiskörner auf ein großes Feld gesät. Als der Mais etwa 20 Zentimeter hoch gewachsen war, hat er mit seinem Traktor und einer Fräse die Wege ins Feld geschnitten. Jetzt im September sind die Maispflanzen fast zwei Meter hoch. Alle Wege sind von beiden Seiten zugewachsen. Der Mais mit seinen grünen Blättern steht wie eine Mauer, durch die man nicht hindurchschauen kann.«
Am Eingang zum Labyrinth wartet eine lange Schlange. Anna darf bezahlen.
»Viel Spaß und verlauft euch nicht!«, sagt der Verkäufer und zwinkert Anna lachend zu. Anna hüpft den breiten Eingangsweg ins Labyrinth hinein.
»Rechts oder links?«, fragt sie an der ersten Gabelung.
»Wir können ja immer rechtsherum gehen«, schlägt Papa vor, »mal sehen, wo wir auskommen.« Philipp hält Papas Hand ganz fest. Wie groß die Maispflanzen sind und wie unheimlich sie im Wind rauschen und rascheln!
»Immer wieder rechtsherum!«, singt Anna, doch dann bleibt sie stehen. Eine Familie kommt ihnen entgegen.
»Der Weg ist eine Sackgasse, zurück zur Kreuzung!«, ruft ihnen ein Mädchen zu.
»Dann müssen wir wohl mal links abbiegen«, sagt Papa. Kurze Zeit später stehen sie vor einem Aussichtsturm aus Holz. Anna und Philipp rennen schnell die Stufen hinauf.
»Wir sind in der Mitte vom Labyrinth!«, sagt Anna. »Da hinten kann ich den Parkplatz sehen!«
»Guck mal, Papa«, ruft Philipp, »die Leute sehen von hier oben aus wie Zwerge!«
Papa kommt gerade die letzten Stufen hinaufgeschnauft. Gemeinsam genießen sie die Aussicht.
»Habt ihr Lust auf ein Picknick?«, fragt Papa. Die mitgebrachten Brote lassen sie sich gut schmecken. Frisch gestärkt gehen sie weiter. Plötzlich hören sie hinter

sich ein merkwürdiges Geräusch: Irgendetwas fiept und heult! Philipp klammert sich an Papas Bein, und auch Anna bleibt erschrocken stehen.

»Was war das?«, flüstert Anna. Da springt ein kleines grau-braunes Fellknäuel zwischen den hohen Maispflanzen hervor. »Ein Hund!«, ruft Anna. Der Hund schleift eine rote Leine hinter sich her. An seinem Halsband hängt eine Hundemarke.

»Er heißt Ronaldo«, sagt Papa. Ausgelassen springt der Hund um sie herum und schnuppert an ihren Händen. Philipp ist nicht mehr ängstlich. Er kniet auf dem Boden und streichelt das wuschelige Fell.

»Ist der süß!«, ruft Anna.

»Kann er mit uns gehen?«, fragt Philipp.

»Er ist bestimmt ausgerissen. Wir nehmen ihn mit zum Ausgang«, schlägt Papa vor, »da fragen wir dann, ob ihn jemand vermisst.«

Philipp nimmt die Hundeleine. »Komm, Ronaldo!« Freudig wedelt der kleine Hund mit dem Schwanz.

»Ich möchte ihn aber auch mal nehmen«, sagt Anna. Ronaldo zieht an der Leine. An der nächsten Weggabelung schnuppert er und zieht Philipp nach links.

»Na, da lassen wir uns jetzt von einer Superspürnase durchs Labyrinth führen«, lacht Papa und sie folgen Ronaldo. An der nächsten Kreuzung führt er sie nach rechts. Schon kurze Zeit später biegen sie auf einen breiten Weg, der zum Ausgang führt.

»Fein gemacht, Ronaldo!«, sagt Philipp und streichelt über seinen Kopf.

Da rennt auf einmal ein Junge auf sie zu. »Ronaldo, da bist du ja wieder!«, ruft er und wischt sich die Tränen aus dem Gesicht. Überglücklich schließt er seinen Hund in die Arme. »Gut, dass ihr ihn gefunden habt. Ich musste meinen Schuh zubinden, da ist er einfach abgehauen. Hat wohl ein Kaninchen gerochen.« Der Junge heißt Felix. Papa unterhält sich mit seinen Eltern. Die sind heilfroh, dass Ronaldo wieder da ist.

»Felix hat den Hund erst vor zwei Monaten bekommen«, sagt die Mutter.

»Dürfen wir euch auf ein Eis einladen, als Dankeschön?«, fragt Felix' Vater. Nach einem aufregenden Nachmittag im Maislabyrinth genießen Anna, Philipp und Felix ein dickes Eis. Nur Ronaldo bekommt nichts ab, sosehr er auch bettelt und jault. Anna und Philipp lachen über sein verdutztes Gesicht. Felix holt aus seiner Hosentasche ein Hundeleckerli.

»Für dich, du kleiner Ausreißer!«, sagt er und wuschelt Ronaldo mit der Hand durch das Fell.

Annemarie Stollenwerk

Ernteschätze

Ernte-Alphabet

Apfel

Birne

Chinakohl

Dattel

Erbse

Fenchel

Grünkohl

Hagebutte

Ingwer

Johannisbeere

Kartoffel

Lauch

Mais

ERNTESCHÄTZE 25

Nuss

Orange

Pflaume

Quitte

Rote Bete

Stachelbeere

Tomate

Unzählige Salatsorten

Vanilleschote

Weintraube

Ysop

Zwiebel

(Ysop ist eine Heil- und Gewürzpflanze, sie gehört zu den Majorangewächsen.)

Kartoffelfeuer im Mühlental

Im Mühlental ist immer was los. Das Mühlental ist eine Reihenhaussiedlung, direkt am Feld. Hier wohnen viele Familien mit Kindern. Die Mühlentalkids treffen sich fast jeden Tag. Für das Oktoberwochenende haben sie sich etwas Besonderes ausgedacht: ein Kartoffelfeuer mit allen Familien auf dem Feld.
Die Mühlentalkids haben Einladungskarten gebastelt. Zusammen haben sie Kürbisköpfe vorne auf die Karten gemalt, und dann ab damit in die Briefkästen im Mühlental.

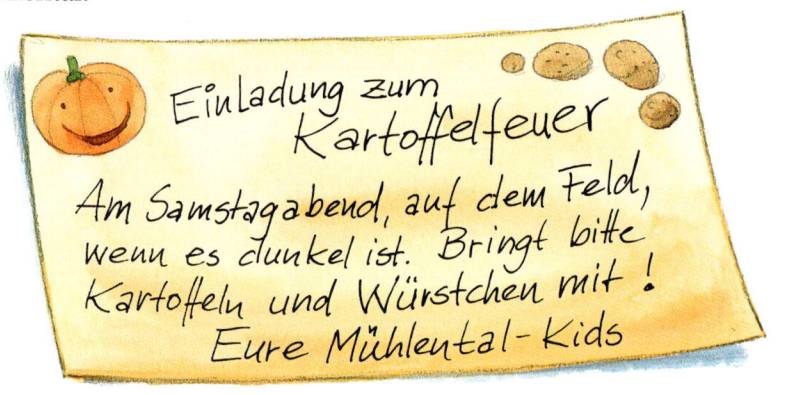

> Einladung zum Kartoffelfeuer
> Am Samstagabend, auf dem Feld, wenn es dunkel ist. Bringt bitte Kartoffeln und Würstchen mit!
> Eure Mühlental-Kids

Die Mama von Lissy und Paul hat Bauer Hansen, dem das Feld gehört, angerufen und um Erlaubnis für ein Feuer auf seinem Feld gefragt. Der Bauer Hansen mag die Mühlentalkids. Einmal hat er den Kindern einen großen runden Strohballen zum Toben und Klettern geschenkt. Da waren die Kinder den ganzen Tag auf dem Feld und hatten sehr viel Spaß. Erst in der nächsten Woche will Bauer Hansen die Erde umgraben. So lange dürfen die Kinder auf dem abgemähten Feld spielen. Und das tun sie besonders im Herbst sehr gerne. Dann lassen sie an windigen Tagen Drachen steigen und spielen Fangen. Im letzten Jahr haben sie zusammen ein großes Loch im Feld gegraben und ein gemütliches Nest gebaut. Dort wurde dann gequasselt und Picknick gemacht. Davon erzählen die Kinder heute noch.
»Wir brauchen Strohbänke zum Sitzen«, schlägt Paul vor. »Denn es ist so gemütlich, wenn alle auf Strohballen ums Feuer sitzen.«
Die Kinder sind von Pauls Idee sofort begeistert und Malte holt den Bollerwagen aus der Garage. Zusammen ziehen die Mühlentaler Kinder zum Hof von Bauer Hansen. Der will ihnen die Strohballen bis zum nächsten Tag gerne ausleihen.

Einen ganzen Nachmittag werden Strohballen transportiert, immer nur einer passt auf den Bollerwagen. Die starken Jungs ziehen abwechselnd den Bollerwagen, und die Kleinen dürfen oben aufsitzen. Zum Glück ist kein Kind beim Strohballentransport vom Bollerwagen gefallen, aber die großen Jungen haben auch gut aufgepasst. So vergeht der Nachmittag im Flug und am Abend haben die Mühlentaler Kinder einen großen Kreis aus Strohballen auf dem Feld aufgebaut. Alle haben mitgeholfen. Und morgen wird das große Kartoffelfeuer stattfinden. Die Kinder reden aufgeregt durcheinander. Plötzlich ruft Malte: »Mensch Leute, wir brauchen noch Holz! Ohne Holz kein Feuer!« Die Kinder waren so sehr mit dem Strohballentransport beschäftigt, dass niemand an Holz gedacht hat. Also verabreden sie sich für den nächsten Nachmittag und wollen noch schnell Holz besorgen.

Da hat die Mama von Lissy und Paul eine Idee: »Der Holzhändler im Ort hat eine Restekiste in seinem Betrieb stehen.«

Dorthin ziehen die Mühlentaler Kinder mit dem Bollerwagen am nächsten Tag. Zum Glück ist die Restekiste gerade randvoll und die Kinder dürfen so viele Holzstücke nehmen, wie sie tragen können. Umsonst, das hat der Holzhändler erlaubt. Bis zum Abend ist sehr, sehr viel Holz zusammengekommen.

Nur noch zwei Stunden bis zum Kartoffelfeuer. Jetzt müssen die Väter mithelfen, das Holz aufzuschichten. Und ein paar Mamas machen noch schnell Teig für Stockbrot, einige Kinder wickeln Kartoffeln in Alufolie, mehrere Schüsseln voll. Yannik und seine Mama rühren zusammen eine Riesenschüssel Wackelpudding für den Nachtisch.

Endlich ist es so weit. Es ist dunkel geworden. Langsam kommen alle Mühlentaler Familien aufs Feld. Ein großer Tisch wird angeschleppt. Dort stehen jetzt Windlichter mit brennenden Kerzen drauf, Becher, Limoflaschen, Schüsseln mit Stockbrotteig, eingewickelten Kartoffeln und jeder Menge Würstchen.

Der große Augenblick ist gekommen. Das Feuer wird mit einem Fidibus (einer eingerollten Zeitung) entzündet. Das ist gar nicht so einfach, denn es weht ein leichter Wind. Der pustet das Feuer immer wieder aus. Nach einigen vergeblichen Versuchen hat ein Holzscheit endlich Feuer gefangen. Die

Kinder klatschen begeistert in die Hände. Verbrannte Zeitungsschnipsel schweben wie kleine Glühwürmchen durch die Luft.

»Es riecht schon richtig nach Feuer!«, schwärmt Lissy und stellt sich ganz nah an die Feuerstelle. »Feuerparfum, das müsste es geben. Mmm, ich könnte jeden Tag Feuer riechen.«

Die Kinder sitzen gespannt auf ihren Strohbänken um ihr Kartoffelfeuer herum, das langsam immer höher in den dunkelblauen Herbsthimmel steigt. Maltes Papa hat die Gitarre mitgebracht. Er spielt Lieder aus der »Mundorgel« und die Kinder singen dazu »Die Affen rasen durch den Wald«, das ist das Lieblingslied der Mühlentaler Kinder.

»Wer hat die Kokosnuss geklaut ...?«, schreit Paul aus vollem Hals. Plötzlich wird es sehr heiß, so nah am Feuer, die Kinder fangen an zu schwitzen und bekommen knallrote Gesichter. Es zischt und knistert, mannshohe Flammen steigen aus dem Holzstapel hervor. Einige Mamas sind besorgt und schimpfen mit den Papas: »Der Holzstapel war viel zu hoch gebaut!« Damit kein Funke auf die Strohballen überspringt, werden schnell alle Strohballen zurückgezogen. Yannicks Papa rollt zur Vorsicht den Gartenschlauch aus seinem Garten aus und zieht ihn aufs Feld. »Man kann ja nie wissen, wie sich der Wind dreht, sicher ist sicher.« Da sind auch alle wieder beruhigt.

Als das Feuer heruntergebrannt ist, werfen die Kinder ihre eingewickelten Kartoffeln in die heiße Glut. Und die Würstchen? Wo sind die Würstchen? Eben lagen sie doch noch auf dem Tisch? Filou, Yannicks Hund, sitzt unter dem Tisch und macht sich genüsslich über die Würstchen her. Die Schüssel liegt im Dreck. Den meisten Kindern ist das egal, es gibt ja noch Stockbrot und Kartoffeln. Außer Denis, der meckert über Filou, weil er keine Kartoffeln mag und Stockbrot immer verbrannt schmeckt. Denis motzt so lange, bis seine Mutter zum Haus zurückgeht und die Reservewürstchen aus der Gefriertruhe holt. Lissy versucht, Denis zu beruhigen: »Außerdem machen wir ein Kartoffelfeuer und kein Würstchenfeuer!«

Um Mitternacht sind alle Kartoffeln, alle Reservewürstchen und das ganze Stockbrot aufgegessen. Auch die Schüssel mit Wackelpudding ist leer und die kleineren Kinder sind längst in den Armen von Mama und Papa eingeschlafen. Das Feuer ist heruntergebrannt. Nur noch etwas rote Glut glimmt auf dem Erdboden zwischen schwarz verkohlten Holzstücken. Da picken die Jungs und Mädchen, die noch gar nicht müde sind, mit Stöcken drin herum und wirbeln ihre glühenden Stöcke durch die Luft. Das gibt schöne Feuerschlangen. Doch langsam wird es kalt auf dem Feld und die Eltern schlagen den Kindern, die nicht müde werden wollen, vor, doch lieber ins warme Bett zu gehen.

Lissys und Pauls Mama macht einen Vorschlag: »Und morgen, wenn ihr ausgeschlafen seid, startet eine neue Party auf dem Feld, die Aufräumparty!« Die Kinder löschen mit dem Wasser aus dem Gartenschlauch die letzte Glut, und dann freuen sich alle auf den nächsten Tag. Besonders auf den Strohballentransport zurück zum Hof von Bauer Hansen.

Regina Bestle-Körfer

Aus der Gemüsekiste

Katharina Kartoffel kullert kichernd im Kreis.
Paul Porree probiert, perfekt portugiesisch zu plappern.
Margarete Möhre mag matschiges Maronenmus.
Willi Wirsing weiß wahrlich wunderbare Witze.
Zacharias Zwiebel zwitschert zweifelsfrei zauberhafte Zeisiglieder.
Michaela Mais malt manchmal meisterhaft Matschbilder.

WUSSTET IHR SCHON …
Kartoffeln werden auch die »braunen Äpfel aus der Erde« genannt. Kartoffeln stammen wie die Tomaten aus Südamerika und wurden dort von den Indianern angebaut. Kartoffeln sind sehr gesund, weil sie viele Vitamine und Mineralien enthalten.

Gemüse-Tanztheater

Zwiebellies' und Zwiebelhans,
die treffen sich zum Zwiebeltanz.
Die Liese findet's Tanzen schön,
sie will noch nicht nach Hause gehen.

Radieschen Renate im roten Gewand
bisher allein auf der Bühne stand.
Doch mit Rudi Rettich im Duett
findet sie's noch mal so nett.

Die runde Frau Kohlrabi
tanzt Hula-Hoop mit Bohne Gabi.
Sie kreisen beide ihren Bauch
und wackeln mit dem Popo auch.

Billa Blumenkohl, die Tolle,
liebt Rock'n'Roll mit Saltorolle.
Nur Rotkohl Peter darf sie heben,
sein Griff noch niemals ging daneben.

Regina Bestle-Körfer

Die Lauchfrau Henriette
schmückt sich mit einer Kette.
Sie tanzt hoch auf den Zehen
und ihre Röcke wehen.

Klaus-Willibald von Wirsing
wird wach von einem lauten »Ping«.
Es ist ein Ton vom Xylofon,
und 1,2,3, da hüpft er schon!

ERNTESCHÄTZE 31

Ein knolliger Kartoffelzwerg
klettert auf einen Blätterberg,
tanzt Hip-Hop ohne Pause
und geht erst spät nach Hause.

Der Kürbis Egon Biegel
tanzt Walzer mit Frau Igel.
Sie drehen sich im Kreis,
dem Egon wird es heiß!

Drei reife Strauchtomaten
wirbeln durch Müllers Garten.
Sie heißen Fips und Finn und Fo
und wackeln mit dem dicken Po.

Martina Mais im Blätterkleid
ist wunder-, wunderschön,
mit Herrn Zucchini wird sie heut
beim Herbstball tanzen gehn!

Ein Weißkohl und ein Blumenkohl,
die fühlen sich beim Tanzen wohl.
Sie wiegen sich im Sambaschritt,
denn Samba hält die Füße fit.

Herr Zwiebel und Frau Paprika
verstehen sich ganz wunderbar.
Oft laden sie sich Gäste ein
und tanzen fröhlich Ringelreih'n.

Annemarie Stollenwerk

Bäriges – Beeriges

Fünf braune Bären
mampften rote Beeren,
stopften sie sich gar nicht faul
mit den Tatzen in ihr Maul.
Mampften bis zur Abendstund'
sich die Bärenbäuche rund.

Mmm … lecker!

Himmlische Himbeere,
bist süß wie ein Traum,
so rot wie Blut,
du schmeckst mir so gut!

Annemarie Stollenwerk

WUSSTET IHR SCHON …
Es gibt Sommerhimbeeren und Herbsthimbeeren. So können Himbeeren von Juni bis August geerntet werden.

Brombeersahne

Eine schwarze Brombeere
hatte die Ehre,
im Sahnekuchen
einen Platz zu suchen.
Da ist Lisa gekommen,
hat vom Kuchen genommen,
an der Sahne geschleckt,
war die Brombeere weg.

Annemarie Stollenwerk

WUSSTET IHR SCHON …
Brombeeren blühen mit ihren weißen Blüten von Juni bis Juli. Ab dem Erntemonat August reifen die ersten Brombeeren. Zuerst sind sie rot. Sie werden aber erst geerntet, wenn sie tiefschwarz sind. Dann schmecken sie süß und nicht mehr so sauer.

Zungenbrecher

Ein Braunbär von den blauen Bergen
wollte Blaubeeren am beschaulichen Bach beißen.
»Bah«, beklagte der braune Bär betrübt.
»Bitterblaue Beeren bekommen braunen Bären nicht!«

Regina Bestle-Körfer

WUSSTET IHR SCHON ...
Die Blaubeere heißt eigentlich Heidelbeere. Sie ist ein Heidekrautgewächs. Im Volksmund wird sie auch Bickbeere, Wildbeere, Hasenbeere oder Waldbeere genannt.

Rätsel

Goldener Riese im Kugelgewand
ist in Garten und Feld bekannt.
Keiner wird so groß wie er
und sein Gewicht fast tonnenschwer.
Wer kann das sein?

Regina Bestle-Körfer

(Kürbis)

WUSSTET IHR SCHON ...
Kürbisse können bis zu 50 Kilogramm schwer werden. Die Riesenfrüchte sind reif, wenn sie beim Anklopfen hohl klingen. Kürbisse gehören, trotz ihrer Größe, zu den Beerenfrüchten.

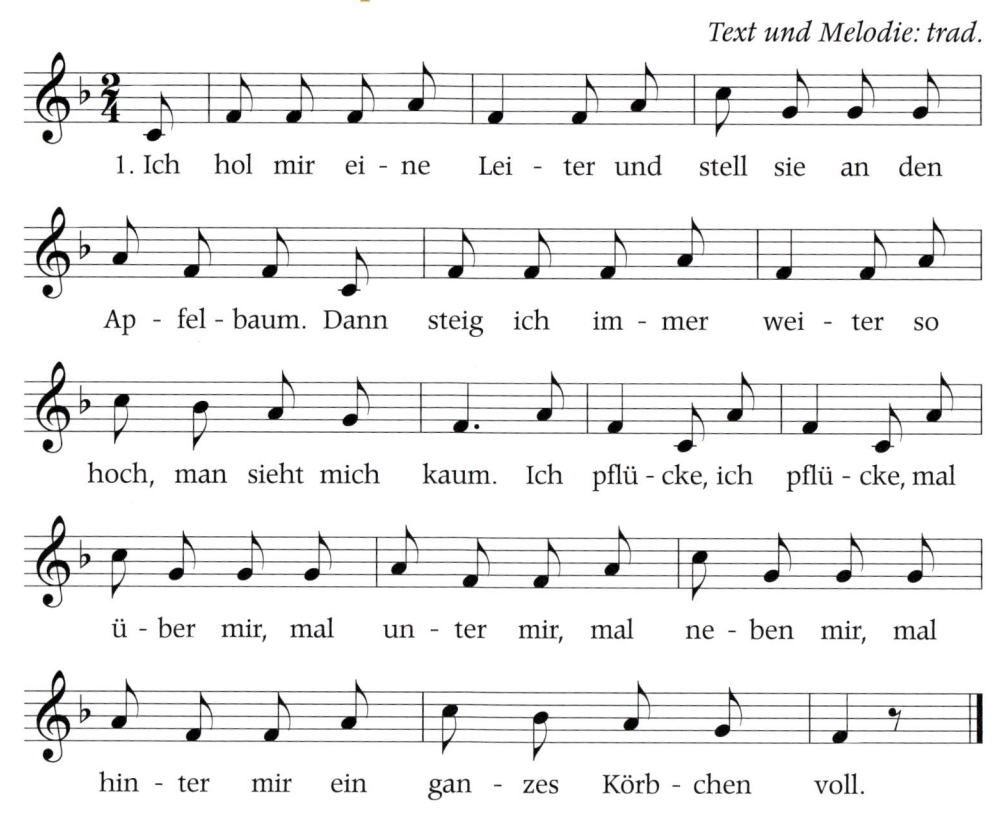

Ich hol mir eine Leiter und stell sie an den Apfelbaum

Text und Melodie: trad.

1. Ich hol mir ei-ne Lei-ter und stell sie an den Ap-fel-baum. Dann steig ich im-mer wei-ter so hoch, man sieht mich kaum. Ich pflü-cke, ich pflü-cke, mal ü-ber mir, mal un-ter mir, mal ne-ben mir, mal hin-ter mir ein gan-zes Körb-chen voll.

2. Dann steig ich immer weiter und halt mich an den Zweigen fest.
Dort setz ich mich gemütlich auf einen dicken Ast.
Ich wippe, ich wippe! Diwippdiwapp, diwippdiwapp!
Diwippdiwapp, diwippdiwapp!
Und falle nicht herab.
Knicks, knacks … plumps!!! (gesprochen)

Eine kleine Apfelgeschichte

Am Küchentisch im Bauernhaus,
da sitzt vergnügt der Bauer Klaus
vor einem Mahl ganz wunderbar,
mmm, lecker und gesund sogar.
Im Munde läuft das Wasser schon,
da klingelt gerad' das Telefon.
Der Bauer Klaus, der ärgert sich,
haut mit der Faust laut auf den Tisch.
»Beim Schmausen darf mich niemand stören!
Ich esse nun, das kann ich schwören!«
Beginnt das Messer anzusetzen,
mit Vorsicht, will sich nicht verletzen,
da fiept es leis' aus seiner Speise.
»Verflixt, da hol mich doch die Meise!«,
flucht Bauer Klaus im Bauernhaus.
Ein kleines Nagezähnchen ist zu sehn,
in seiner Speis', wie kann das gehn?
Knusper, knabber, schlürf und schmatz, –
schaut aus dem Mahl ein kleiner Fratz.

Regina Bestle-Körfer

Apfelforscher

Äpfel schmecken einfach lecker und sind sehr gesund. Sie versorgen den Körper mit wichtigen Vitaminen. Habt ihr Lust, ein Apfelforscher zu sein?

– Wie hängt ein Apfel am Baum? Am Stiel oder an der Blüte?
Lösung: Der Apfel hängt mit seinem Stiel am Baum: Der Stiel ist der hart gewordene Blütenstängel der Apfelblüte. An der Unterseite des Apfels findet ihr den vertrockneten Rest der Blütenblätter.

– Findet heraus wie viele Kerne im Kerngehäuse stecken! Schneidet einen Apfel längs in der Mitte durch, danach den Apfel vierteln.
Lösung: Im Längsschnitt sind zwei Kammern sichtbar. In einer Kammer können sich, je nach Apfelsorte, bis zu drei Kerne befinden, manche Kammern sind auch leer. Wenn Ihr mit dem Finger über das Häutchen in der Kammer fahrt, fühlt es sich glatt und hart an. Aus jedem Apfelkern kann ein neuer Apfelbaum werden. Im Frühjahr könnt ihr Apfelkerne einpflanzen. Vielleicht wächst daraus bald ein neuer Apfelbaum!

– Wie viele Kammern sind sichtbar, wenn Ihr den Apfel quer durchschneidet?
Lösung: Es sind fünf Kammern sichtbar, die angeordnet sind wie ein fünfzackiger Stern.

– Welche Seite vom Apfel wird rot? Schaut euch einen Apfelbaum mit Äpfeln einmal genau an!
Lösung: Die Seite des Apfels wird rot, die von der Sonne beschienen wird. Im Apfel wird ein roter Farbstoff gebildet, der ihn vor zu viel Sonne schützt. Das funktioniert so ähnlich wie eine Sonnencreme, die die Haut vor Sonnenbrand schützt.

Ein Reimgedicht: Prinz Traubenblau und Prinzessin Traubengrün

Es war einmal Prinz Traubenblau,
der suchte eine nette ... (Frau).
Im leuchtend blauen Samtgewand
spazierte er durchs Trauben ... (Land).

Am Wegrand blieb er staunend stehn:
Dort saß ein Mädchen wunder ... (schön).
Es reichte ihm lächelnd die Hand:
»Ich werde Traubengrün ge ... (nannt).«

Von der Prinzessin ganz entzückt,
strahlte der Prinz be ... (glückt).
Nun gehn sie froh durchs Traubenland,
Prinz und Prinzessin Hand in ... (Hand).

Annemarie Stollenwerk

Rätsel

Ist prall und rund
und sehr gesund,
verschwindet flugs in deinem Mund!

(Weintraube)

Wenn Trauben viele Wochen liegen,
dann siehst du, wie sie Falten kriegen.
Sie werden klein und fest und braun,
sind runzlig – schrumplig anzuschau'n.
Doch weiß beinahe jedes Kind,
was das für leck're Früchte sind.

(Rosinen)

Annemarie Stollenwerk

Erntedank feiern

Tanz unterm Erntekranz

Text: Rosemarie Künzler-Behncke
Melodie: Klaus W. Hoffmann

1. Welch Krakeele in der Nacht! Auch die Maus ist aufgewacht.
Unterm hohen Erntekranz finden alle sich zum Tanz: Erbsen,
Möhren, Stangenbohnen, Äpfel, Birnen und Melonen, Rüben,
Rettich und Tomaten – selbst die Harke und der Spaten wirbeln
hier im wilden Kreise, jeder ganz auf seine Weise – tamtaram und dideldum – hin und her und rundherum. La la la la la la la la la la la la, tamtaram und dideldum, hin und her und rundherum.

2. Welch Krakeele in der Nacht! Auch die Maus ist aufgewacht.
   Unterm hohen Erntekranz finden alle sich zum Tanz:
   Kürbis, Mangold, Sellerie, Bohnenkraut und Petersil,
   Him- und Brom- und Stachelbeere – selbst die alte Heckenschere
   wirbeln hier im wilden Kreise …

3. Welch Krakeele in der Nacht! Auch die Maus ist aufgewacht.
   Unterm hohen Erntekranz finden alle sich zum Tanz:
   Mais, Radieschen, Auberginen, Fenchel, Paprika, Zucchinen,
   Gurken, Zwiebeln und Kartoffeln – selbst die Garten-Holzpantoffeln
   wirbeln hier im wilden Kreise …

4. Welch Krakeele in der Nacht! Auch die Maus ist aufgewacht.
   Unterm hohen Erntekranz finden alle sich zum Tanz:
   Artischocken, Feldsalat, Rote Bete und Spinat,
   Blumenkohl und Stangenlauch – selbst der lange Gartenschlauch
   wirbeln hier im wilden Kreise …

5. Welch Krakeele in der Nacht! Auch die Maus ist aufgewacht,
   guckt aus ihrem Mauseloch, wie sie tanzen noch und noch.

Kräuter und Heilpflanzen

Wie der Wegerich zu seinem Namen kam

Der Kater Moritz hatte auf seinem nächtlichen Streifzug durch den Wald seinen Schwanz verloren. Traurig klopfte er am Morgen am Haus der Kräuterhexe an, um sie um einen neuen Katzenschwanz zu bitten. Die Kräuterhexe hatte Mitleid mit dem Kater Moritz und führte ihn mitten auf eine schöne Wiese und sprach ihren Zauberspruch: »Abra-Kabra Katzenschwanz!« Und tatsächlich, der Zauberspruch half und der Kater Moritz bekam einen neuen Katzenschwanz angehext. Er war überglücklich und miaute vor Vergnügen. Zur gleichen Zeit begann es in der Erde zu grummeln und zu knacken und ein sonderbar grünes Gewächs wuchs aus der Erde, genau an der Stelle, wo der Kater Moritz seinen Katzenschwanz angehext bekam. Das Kräutlein hatte grüne breite Blätter und einen buschigen Stängel, der aussah wie ein Katzenschwanz. Die Kräuterhexe nannte dieses Gewächs *Katzenschwanz*. So heißt dieses besondere Heilkraut im Volksmund noch heute. Und weil es auf allen Wegen fleißig weiterwuchs, wird es auch Wegerich genannt.

Regina Bestle-Körfer

Kräutermedizin aus der Natur

Als Wegerichgewächse sind zwei Arten bekannt: der Breitwegerich, mit breiten Blättern, und der Spitzwegerich, mit länglichen, spitzen Blättern. Wegerichblätter haben schon manchem Wanderer geholfen, der sie sich gegen Blasen oder müde Füße in die Schuhe legte. Und wenn euch im Sommer einmal ein Insekt sticht, probiert es selbst einmal aus: Einfach ein paar Wegerichblättchen auf dem Stich zerreiben, das lindert den Juckreiz. Aus Spitzwegerichblättern wird auch Hustentee oder Hustensaft bereitet. Beides gibt es in der Apotheke.

Süße-Träume-Säckchen

So gehts: Einfach die lilafarbenen Blüten von den Lavendelstängeln abzupfen und in die Mitte eines Stofftaschentuchs legen. Dann das Stofftaschentuch mit einem Bändchen zusammenbinden. Wenn ihr abends beim Einschlafen das Lavendelsäckchen auf euer Kopfkissen legt, verströmt es einen frischen Duft, der beruhigend wirkt und das Einschlafen fördert. Vielleicht schenkt euch der Lavendel sogar schöne Träume.

IHR BRAUCHT: Lavendelblüten, Stofftaschentuch, Bändchen

Wusstet ihr schon …

Am 15. August findet ihr im Kalender das Fest Mariä Himmelfahrt. Es erinnert an Maria, die Mutter Jesu. Die Legende erzählt, dass nach ihrem Tod in ihrem leeren Grab nur Blumen und Kräuter gefunden wurden. Die Menschen glaubten, Maria sei in den Himmel aufgefahren. Daher der Name *Mariä Himmelfahrt*. Zur Erinnerung an Maria verbreitete sich der Brauch, Kräuterbündel zu binden, diese zu segnen und zum Schutz im Haus und im Stall aufzuhängen.

Pfefferminze

Auch die Pfefferminze ist ein Heilkraut. Die Römer streuten Pfefferminze auf den Fußboden. Mit diesem Duft regten sie den Appetit der Gäste an und sorgten für eine angenehme Stimmung. Die Seefahrer auf den Weltmeeren hatten Pfefferminze an Bord, um beim Schaukeln der Schiffe nicht seekrank zu werden. Außerdem schütteten sie Pfefferminze in ihre Wasservorräte. So blieb das Wasser länger frisch.

Lukas und Lotte erleben den Almabtrieb

Mitte September machen Lukas und Lotte zusammen mit Mama, Papa und Opa Josef Urlaub in den Bergen. Sie wohnen in einem Berghotel, mitten in der Natur, umgeben von hohen Bergen und hügeligen Wiesen. Von ihrem Fenster haben sie einen wunderschönen Ausblick. Das Berghotel ist Opa Josefs Geburtshaus. Aber so wie heute sah es früher, als der Opa dort geboren wurde, natürlich nicht aus. Die Urgroßeltern von Lotte und Lukas waren arme Bergbauern und das Hotel war früher, als Opa Josef noch ein Kind war, ein Bauernhof mit Viehwirtschaft.

»Wir hatten Kühe, Schweine, Schafe, Hühner, Kaninchen, Pferde und Katzen«, sagt Opa.

Lotte staunt: »So viele Tiere hätte ich auch gerne!«

Mama erinnert sich: »Als Kind waren wir in den Sommerferien hier und haben Urlaub auf dem Bauernhof gemacht. Wir Kinder haben den ganzen Tag in der Scheune getobt, sind im Heu herumgeklettert, haben mit den Katzen gespielt und einmal durfte ich auf Flora sitzen. Flora war ein ganz liebes Haflingerpferd mit einer goldenen Mähne. Darin habe ich mich gut festgehalten. Doch beinahe wäre ich kopfüber im Wassertrog gelandet, als Flora Durst hatte und trinken wollte.« Lukas und Lotte müssen über Mama lachen.

Im Flur des gerade neu gebauten Berghotels hängen eingerahmte Schwarz-Weiß-Fotos von früher. Lukas schaut die Fotos an und findet seinen Opa zuerst: »Das bist du, da steht ›Der kleine Josef, vier Jahre alt‹ drunter. Und tatsächlich ist ihr Opa Josef als kleiner Junge auf dem Bild zu sehen, mit nackten Füßen und blonden Haaren sitzt er auf einem Heuballen, neben seinem älteren Bruder Franzl. Lotte kann es nicht glauben: »Das ist doch nicht der Opa Josef. Der Junge hat ja Haare auf dem Kopf.« Da muss Opa lachen.

»Wo sind denn die Kühe?«, will Lukas wissen. »Wir wollen doch zum Almabtrieb!«

»Heute Nachmittag werdet ihr schön geschmückte Kühe sehen, abwarten!«, bittet Opa die Kinder um etwas Geduld.

Nach dem Mittagessen macht die Familie eine kleine Wanderung zum Viehscheid – das ist der Platz, wo der Almabtrieb gefeiert wird. Lukas und Lotte staunen. Auf einer großen Wiese vor dem Dorf warten viele Menschen. Eine Musikkapelle spielt Blasmusik. Es gibt ein Kirmeszelt, ein Kinderkarussell, eine Würstchenbude, Zuckerwatte und Popcorn. Lotte will Karussell fahren und Lukas will endlich Kühe sehen. Und weil Lotte fröhlich Karussell fährt und Lukas noch keine Kühe sieht, hat er schlechte Laune und meckert herum. Mama will gerade mit Lukas etwas schimpfen, da hören sie von Weitem ein lautes Gebimmel. Noch ist nichts zu sehen, aber die Spannung unter den Bauern steigt. Welche Kuh wird in diesem Jahr die Herde anführen? Denn für die Kranzkuh, so wird die erste Kuh genannt, bekommt der Viehbauer das meiste Geld.

Lukas fragt: »Haben die Kühe auch alle einen eigenen Namen?«

Opa Josef erzählt von früher: »Unsere Kühe hatten alle einen Namen. Da war die Liesl, die Betty, die Lore, die Alwina, die Minerva, die Alva, die Bommer.«

»Das sind aber komische Namen«, findet Lotte. »Meine Kuh würde ich Cinderella nennen!« Lukas findet Cinderella doof, aber Bommer findet er richtig gut. Die Menschen stehen um den abgesperrten Platz. Da kommt ein Mann mit einem langen Bart, mit einer Lederhose bekleidet und mit einem geschmückten Filzhut auf dem Kopf. Er führt die Kranzkuh auf den Wiesenplatz. Es gibt einen großen Applaus für die schön geschmückte Kranzkuh und für den Senn. So heißt der Mann, der oben auf der Alm aus der gemolkenen Milch Käse macht. Direkt dahinter kommt eine wilde Kuh mit einem geschmückten Tannenbäumchen zwischen den Hörnern. »Das ist keine Milchkuh, sondern der Stier!«, verrät Opa.

Zwei Kühe rangeln und schubsen. Einer Kuh fällt sogar das Kränzchen von den Hörnern. »Wie die Jungs im Kindergarten«, sagt Lotte.

Opa Josef erklärt: »Fremde Kühe, die sonst nicht im Stall zusammen sind, die kämpfen gerne miteinander. Die haben so viel Kraft, da hat der Hirte Mühe, die beiden wieder zu trennen.«

»Opa, warst du früher auch ein Hirte?«, fragt Lukas neugierig.

Der Opa freut sich, dass Lukas so viel von früher wissen möchte. »Ja, das kann man so sagen, mit zehn Jahren waren wir Kinder jeden Tag im Stall und mussten mithelfen: füttern, melken, ausmisten. Und immer im September, wenn die Kühe von der Alm zurück waren, haben wir die Kühe auch gehütet. Die wurden dann morgens auf die Wiesen getrieben und wir mussten aufpassen, dass keine Kuh abhaut. Einmal, da wurde es sogar richtig gefährlich, denn Minerva war ausgerissen und ich musste sie zurückholen. Da kam ein schlimmes Gewitter und aus dem kleinen Bächlein hinterm Haus war ein reißendes Hochwasser geworden. Und da musste ich mit Minerva durch, weil der Steg weggerissen war. Mir ging das Wasser bis zum Bauch, ich kam kaum vorwärts, da hätte ich mir beinahe in die Hose gemacht vor Angst. Aber es ist alles gut gegangen.«

»Das ist ja spannender als Fernsehen!«, findet Papa.

Auf dem Dorfplatz ist nun richtig was los. Über 60 Kühe werden von ihren Bauern in Empfang genommen. Opa Josef kauft den Kindern eine Zuckerwatte:

»Die habe ich als Kind auch gerne gegessen.«

»Dürfen Kühe auch Zuckerwatte essen?«, will Lotte wissen. Zu gerne würde sie einer Kuh etwas von ihrer Zuckerwatte abgeben.

»Lieber nicht«, meint Opa Josef, »aber Salz brauchen Kühe zwischendurch, habt ihr das gewusst? Wie alle Tiere, die nur Pflanzen fressen.« Und da erzählt der Opa noch eine kleine Geschichte von früher: »Wir Jungs waren natürlich auch mal frech. Da haben wir die Kühe manchmal belogen und laut ›Sölz, Sölz, Sölz‹ gerufen. Da dachten die, es gibt Salz, und alle kamen den steilen Hügel hinaufgestürmt ... Aber wir hatten gar kein Salz. Das war gemein von uns, nicht wahr?« Da schimpft Lotte mit Opa: »Das tut man aber nicht, auch nicht mit einer Kuh!«

Abends schaut Lukas mit Opa noch einmal die Fotos von früher an. Dann flüstert er seinem Opa ein Geheimnis ins Ohr: »Wenn ich zehn bin, werde ich auch ein Hirte, wie du. Und zu Weihnachten habe ich nur einen Wunsch. Ich wünsche mir vom Christkind eine Kuh – und die soll Bommer heißen.«

Regina Bestle-Körfer

WUSSTET IHR SCHON ...
Der Almabtrieb in den Bergen findet meist in der zweiten Septemberhälfte, bevor der erste Schnee fällt, statt. Die Hirten bringen die Kühe von den Bergalmen ins Tal zurück. Ist der Sommer auf der Alm gut verlaufen, ohne dass eine Kuh gestorben ist, werden die Kühe geschmückt. Die beste Kuh bekommt die größte Glocke umgehängt und einen prächtigen Kranz um die Hörner gelegt. Mit großem Gebimmel werden die Herden zum »Viehscheid« getrieben – das ist ein Platz vor dem Dorf, an dem die Herden »geschieden«, das heißt wieder getrennt und an ihre Besitzer, die Viehbauern, übergeben werden.

Mäuse-Erntedank

WUSSTET IHR SCHON …
Erntedank wird am ersten Sonntag im Oktober gefeiert. Früher waren die Menschen von den Vorräten sehr abhängig, die sie für den langen Winter anlegen konnten. Aus dieser Zeit stammen viele Erntebräuche: Es wurden Erntewagen mit Kränzen geschmückt, Erntelieder gesungen, Erntetänze getanzt, Dankgottesdienste gefeiert und die Felder und die Ernte wurden feierlich gesegnet.

Aus Bauer Jansens Bauernhaus
schaut eine Maus zum Fenster raus!

Der Maus wars auf dem Feld zu kalt,
sie ist schon fünfzig Jahre alt.

Drum ist sie schnell ins Haus geschlüpft,
mal hier, mal da herumgehüpft.

Zwischen Kram und alten Flaschen
findet sie allerlei zum Naschen.

Springt gut gelaunt vom Küchenschrank
und ruft: »Hurra! Wir feiern Erntedank!

Ihr Mäusefreunde kommt ins Haus
zum großen Dank- und Ernteschmaus:

für Nüsse, Birnen, Korn und Brot,
für Pflaumen, Äpfel, dick und rot,

für Sonnenschein und Wind und Regen –
und für den ganzen Erntesegen!«

Annemarie Stollenwerk

Register

Geschichten
Goldi, der Feldhamster   10
Im Maislabyrinth   22
Kartoffelfeuer im Mühlental   26
Lukas und Lotte erleben den
   Almabtrieb   42
Wie der Wegerich zu seinem
   Namen kam   40

Gedichte
Aus der Gemüsekiste   29
Bäriges-Beeriges   32
Brombeersahne   32
Ein Müller will nun schlafen
   gehen   17
Eine kleine Apfelgeschichte   35
Gedicht zur Ernte   14
Gemüse-Tanztheater   30
Mäuse-Erntedank   46
Mmm ... lecker!   32
Rätsel: Kürbis   33
Rätsel: Rosinen   37
Rätsel: Weintrauben   37
Reimgedicht   37
Zungenbrecher   33

Lieder
Ich hol mir eine Leiter   34
Korn   16
Meine Mühle, die braucht Wind   19
Sehet, so mäht der Bauer   7
Tanz unterm Erntekranz   38
Wenn die Mähmaschine rattert   9

Basteln
Süße-Träume-Säckchen   41
Traktor aus Karton   8
Windmühle   18

Spiele
Apfelforscher   36
Rückenmassagespiel   5
Mühlradhüpfen   19
Würfelspiel: Vom Korn zum Brot   20

Rezepte
Haferflocken   15
Vollkornbrötchen   16

Wusstet ihr schon ...
Almabtrieb   45
Blaubeeren   33
Der Erntemonat   14
Die Arbeit der Bauern   6
Ernte-Alphabet   24
Erntedank   46
Feldhamster   11
Kartoffeln   29
Kräutermedizin aus der Natur   40
Kürbisse   33
Mähdrescher   9
Mariä Himmelfahrt   41
Müller – ein alter Beruf   18
Pfefferminze   41
Tiere auf dem Feld   12
Urlaub auf dem Bauernhof   6
Wer kennt dieses Getreide?   14
Bauernregeln   6

Quellen

Der Bauer mäht mit Müh' und Not ...
Text: Johannes Trojan
Musik: Richard Rudolph Klein © Musik: Daimonion Verlag Robert Schlender

Tanz unterm Erntekranz.
Text: Rosemarie Künzler-Behncke
Musik: Klaus W. Hoffmann
Aus: Klaus W. Hoffmann, Drachenflug und Lichterspiel. Schwann im Patmos Verlag Düsseldorf 1991.
© 2010 Patmos Verlagsgruppe, Sauerländer Verlag, Mannheim.

Wenn die Mähmaschine rattert.
Text: Josef Guggenmos © Text beim Autor
Musik: Dorothée Kreusch-Jacob © Musik: Dorothée Kreusch-Jacob (www.DorotheeKreusch-Jacob.com),
Verlag: MUSICJUSTMUSIC® (www.musicjustmusic.com).

Der Verlag hat sich um die Einholung aller benötigten Rechte bemüht. Sollte dabei versehentlich etwas übersehen worden sein, mögen sich die Berechtigten mit dem Verlag in Verbindung setzen. Begründete Honorar- oder Lizenzansprüche werden branchenüblich angemessen vergütet.

Weitere Informationen zum Kinder- und Jugendbuchprogramm der S. Fischer Verlage,
auch zu E-Book-Ausgaben, gibt es bei www.blubberfisch.de und www.fischerverlage.de

2. Auflage 2015

Erschienen bei FISCHER Sauerländer

© S. Fischer Verlag GmbH,
Frankfurt am Main 2013
Erstmals erschienen 2010 im Patmos Verlag

Alle Rechte vorbehalten.
Umschlaggestaltung: Norbert Blommel, MT-Vreden
Satz: MT-Vreden
Druck und Bindung: Grafisches Centrum Cuno
GmbH & Co. KG, Calbe
Printed in Germany
ISBN 978-3-7373-6456-0